AF562304

RAPPORT

SUR LES EXCUSES PROPOSÉES PAR PLUSIEURS HAUTS-JURÉS,

FAIT

A L'AUDIENCE DU 27 BRUMAIRE AN V.

A VENDOME,
De l'Imprimerie de SOUDRY, Marchand-Libraire, Place d'Armes, N°. 299.

L'an 5me. de la République.

RAPPORT
SUR LES EXCUSES
PROPOSÉES
PAR PLUSIEURS HAUTS-JURÉS,
FAIT
A L'AUDIENCE DU 27 BRUMAIRE AN V;

Par le Citoyen AUDIER-MASSILLON, *l'un des Juges de la Haute-Cour de Justice.*

CITOYENS JUGES,

VOUS êtes assemblés pour juger les excuses proposées par les Hauts-Jurés, en exécution des articles 4 et 5 de la Loi du 28 Thermidor, et rayer de la liste ceux à qui des empêchemens légitimes ne permettent pas d'en remplir les fonctions.

Si l'établissement de la procédure par Jurés est regardée comme la plus belle et la plus heureuse des institutions humaines, et comme la sauve-garde de la Liberté Civile, avec quel respect religieux ne doit-on pas voir le Haut-Jury établi pour maintenir la Représentation Nationale dans son intégralité, la garantir des atteintes auxquelles elle pourroit être exposée dans des tems de trouble, et prémunir la République contre les entreprises de ses premiers Magistrats.

C'est là où l'institution des Jurés se trouve dans toute sa pureté; c'est là où le concours de tous les Citoyens de la République, admis à sa formation, opère un véritable Jury National.

Les moyens employés pour la composition du Haut-Jury, et l'importance des fonctions qui lui sont confiées, annoncent à ceux qui y sont appelés tout ce que la Nation attend de leur empressement et de leur exacitude à en remplir les devoirs.

C'est la Patrie qui les appèle; nul Citoyen ne doit être sourd à sa voix.

A son invitation, la France a été couverte de défenseurs; des milliers de Citoyens ont pris les armes, ont repoussé toutes les puissances de l'Europe coalisées, et porté le nom Français au plus haut point de gloire où une Nation puisse parvenir.

L'appel fait aux Hauts-Jurés n'est pas moins impérieux, ni moins nécessaire : aucune considération de commodité ou d'intérêt personel ne peut empêcher ceux qui sont choisis de venir remplir le service auquel ils sont appelés. C'est le salut de la Patrie qui l'exige; tout doit céder à ce grand intérêt.

La Loi n'a pas permis à ceux qui sont nommés à la place de Hauts-Jurés d'y renoncer; elle l'a regardée comme un service honorable et nécessaire, auquel tous ceux qui ont les qualités requises doivent s'empresser de concourir, dès l'instant qu'ils y sont appelés : elle a tellement jugé l'acceptation inévitable, qu'elle n'a pas permis qu'il fût nommé de suppléans.

Si les démissions volontaires et arbitraires étoient admises, la formation du Haut-Jury seroit toujours incertaine et subordonnée aux caprices de ceux qui auroient été nommés pour en remplir les places, il pourroit arriver qu'il ne restât pas seulement le nombre requis pour fournir aux récusations et composer le Haut-Jury, et qu'il n'y eût plus aucun moyen légal pour terminer les procès dont la Haute-cour peut seule prendre connoissance.

Cette institution salutaire venant à manquer, les délits qui pourroient être commis par des Représentans du Peuple, ou des membres du Directoire, seroient impunis ou ne pourroient être jugés que par des tribunaux arbitraires et des commissions révolutionnaires. La Représentation Nationale seroit sans sûreté et sans garantie, ou les attentats des Représentans sans repression; il n'y auroit plus à choisir qu'entre l'impunité de l'anarchie ou le despotisme du Gouvernement révolutionnaire; ou plutôt on éprouveroit encore la réunion de ces deux fléaux.

Les mêmes motifs, qui ont fait proscrire les démissions volontaires, doivent faire rejeter les excuses qui ne seroient fondées que sur des causes légères, et qui n'emporteroient pas avec elles l'idée d'une nécessité aussi forte et aussi impérieuse que l'est celle qui appèle les Hauts-jurés à leurs fonctions.

Lorsque la Loi a prescrit à ceux des Hauts-jurés inscrits sur la liste, qui croiroient avoir des excuses légitimes pour se dispenser de composer le Haut-jury d'envoyer sur le champ à la Haute-cour leurs excuses avec les pièces qui en prouveroient la légitimité, elle a bien décidé qu'on ne pourroit être excusé que pour des causes légitimes et légalement justifiées.

C'est sur ces principes que vous avez à juger les excuses proposées par les Hauts-jurés.

Avant d'examiner séparément chacune de ces excuses, je crois devoir vous présenter quelques observations générales, qui conviennent à plusieurs, et qui pourront faciliter les jugemens que vous avez à rendre.

On peut diviser les excuses qui ont été proposées, en trois classes principales:

La première, composée des excuses fondées sur l'incompatibilité des fonctions ou sur des occupations essentielles et regardées comme indispensables;

La seconde, celles qui ont pour motif la Loi du 3 Brumaire;

La troisième, celles qui sont présentées pour cause de maladie.

Plusieurs des Citoyens portés sur la liste des Hauts-jurés ont été postérieurement nommés à des places de Juges et de Commissaires du Pouvoir exécutif près les Administrations ou près les Tribunaux.

Ils ont cru pouvoir accepter les places, et ils s'en font aujourd'hui un titre pour demander d'être rayés de la liste des Hauts-jurés.

Ils fondent leur réclamation sur l'article 484 du code des délits et des peines, dont voici les dispositions.

» La Loi appèle aux fonctions de Jurés tous les Citoyens » âgés de de 30 ans accomplis, qui réunissent les conditions » requises pour être électeurs.

» Néanmoins ces fonctions sont incompatibles avec celles de » Représentans du Peuple, de membres du Directoire-exécutif, » de Ministres, de Juges, d'Accusateurs-publics, d'Officiers » de Police judiciaire, et de Commissaires du Pouvoir exécutif, » soit près les Administrations Départementales et Municipales, » soit près les Tribunaux.

Vous avez, sans doute, observé que dans cet article il n'y est pas question d'une simple excuse, mais d'une incompatibilité. S'il pouvoit être appliqué aux Hauts-Jurés, et s'il vous autorisoit à admettre leurs excuses, peut-être seriez-vous également obligés à rayer de la liste tous ceux qui vous ont annoncé qu'ils exerçoient les fonctions de Juges ou celles de Commissaires du pouvoir exécutif, quoiqu'ils ne s'en soient pas fait un titre pour demander d'être excusés. [Si l'incompatibilité existe, elle doit frapper également sur tous : il ne peut y avoir rien d'arbitraire dans la formation du Jury ; la volonté seule de la Loi doit y présider.]

L'article 484 du code des délits et des peines, qui ne parle que des Jurés ordinaires, doit-il avoir son application aux Hauts-Jurés, tandis que, dans la Loi du 20 Thermidor, il y a un titre exprès qui a pour objet *la composition du Haut-Jury*, et que cette incompatibilité n'y est pas rappelée ?

Si l'on cherche la solution de cette difficulté dans les motifs qui ont déterminé l'incompatibilité prononcée par l'article 484 du code des délits et des peines, on apperçoit beaucoup de différence entre les Hauts-Jurés et les Jurés ordinaires.

Ceux-ci exerçant leurs fonctions dans l'étendue de leurs Départemens, il étoit naturel que la Loi en écartât ceux qui dans les mêmes Département ont un grand pouvoir, ceux qui sont revêtus d'une grande autorité, et dont l'influence eût pû alarmer l'accusé et diminuer la confiance qu'il doit avoir dans le Jury.

Il n'en est pas de même du Haut-Jury : tous les membres qui le composent, rassemblés des différentes parties de la République, ne conservent, en arrivant, ni l'autorité, ni l'influence des places dont ils étoient revêtus ; ils ne sont plus ni Juges, ni Commissaires du Pouvoir exécutif ; leurs anciennes qualités ne peuvent être ni dangereuses, ni alarmantes pour les accusés.

Peut-être aussi la Loi n'a-t-elle pas voulu que des Officiers publics fussent détournés, sans nécessité, des fonctions importantes qu'ils exercent, pour un service que tous les autres Citoyens peuvent également remplir. Ce motif ne trouve pas son application aux Hauts-Jurés qui, appelés pour des jugemens dont la décision tient à la sûreté de toute la République, ne peuvent avoir ni de fonction plus importante à exercer, ni de devoir plus essentiel à remplir.

Les Jurés ordinaires sont nommés par l'Administration Départementale : il étoit peut-être nécessaire que la Loi en dirigeât et en surveillât les choix, et qu'elle empêchât que les Administrateurs ne fussent trop portés à nommer ceux qui partagent avec eux les fonctions publiques ; mais en est-il de même, lorsque c'est la Nation entière qui fait la nomination ? Ce choix, excluant tout soupçon, n'exigeoit pas les mêmes précautions, et ne devoit pas être assujéti aux mêmes règles.

Enfin, il n'y avoit pas de dangers à multiplier les excuses ou les incompatibilités pour les jurés ordinaires : la liste des Jurés est très-nombreuse, elle pourroit encore être épuisée sans inconvéniens, puisqu'au défaut de ceux qui ont été nommés, tous les Citoyens de la Commune, où siège le Tribunal Criminel, peuvent être appelés en remplacement; mais il n'en est pas de même pour les Hauts-Jurés, dont la liste est peu nombreuse, et qui ne peuvent jamais être remplacés.

N'est-il pas permis de penser que ces différences ont influé dans la Loi du 20 Thermidor, et quelles ont déterminé le Législateur à ne pas prescrire pour le Haut-Jury la même incompatibilité que le code des délits et des peines a établie pour les Jurys ordinaires?

Il me reste à vous présenter quelques observations qui rendront peut-être inutile la solution de cette difficulté.

Supposons qu'il existe une incompatibilité légale entre les fonctions de Hauts-Jurés et celles de Juges, d'Officiers de Police et de Commissaires du Pouvoir exécutif près les Administrations Départementales et Municipales, et près les Tribunaux; quelle doit être l'effet de cette incompatibilité? La qualité supérieure et préexistente de Haut-Juré doit-elle être anéantie par l'acceptation d'une autre fonction publique?

Dans l'ordre prescrit par l'article 41 de la Constitution, la nomination des Hauts-jurés a précédé celles de Juges, d'Officiers de police et de Commissaires du Pouvoir exécutif: celui qui a été élu Haut-juré, a contracté, dès l'instant, une obligation dont il n'a pu se délier que pour des causes légitimes et d'une nécessité reconnue; il a été comme frappé d'une réquisition pour l'utilité générale, et de laquelle il ne lui a pas été permis de se dispenser: peut-on penser qu'il ait pu, en acceptant volontairement d'autres fonctions, se ménager une excuse et une dispense de ses premières obligations?

S'il étoit permis d'abdiquer la place de Haut-juré pour prendre une autre fonction publique, toutes les précautions, que les Lois ont prises pour assurer le service des Hauts-jurés, seroient annullées; ceux qui voudroient se dispenser d'en remplir les fonctions, n'auroient qu'à obtenir une place d'Officier de police ou de Commissaire du Directoire.

Ne seroit-ce pas encore laisser l'établissement de la Haute-cour à la disposition du Directoire-exécutif, puisqu'il seroit en son pouvoir d'annuler la nomination de tous les Hauts-Jurés, en appliquant à chacun d'eux une des Commissions qui sont à sa nomination ?

Peut-on croire que la Constitution et les Lois aient voulu abandonner au hasard des circonstances, à la volonté arbitraire des Fonctionnaires publics, un établissement nécessaire pour le maintien de l'ordre constitutionnel, et qui ne pourroit être remplacé par aucune autorité, pas même par le Corps-législatif ?

Les excuses fondées sur la maladie ne présentent pas moins de difficultés.

Il n'y a pas d'excuse plus légitime que la maladie grave, lorsqu'elle met le Fonctionnaire public hors d'état de remplir le service auquel il est appelé ; mais il n'en est point aussi dont on puisse abuser davantage, en proposant pour excuses des indispositions légères ou des infirmités, dont les personnes d'un âge avancé ne sont presque jamais exemptes.

Les nuances entre ces deux extrêmes sont infinies, et il est impossible de déterminer avec précision le point où il faut s'arrêter.

Il n'est point de matière où il soit plus difficile d'établir une règle fixe, et de se défendre de tomber dans l'arbitraire.

Il seroit à desirer que la Loi eut déterminé et la gravité de la maladie et les preuves qui doivent être admises.

C'est ce que la Loi du 20 Thermidor semble avoir fait, en n'admettant que les excuses fondées sur des maladies graves, constatées par un rapport de Médecins, et certifiées par l'Administration centrale du Département du domicile.

Parmi ceux qui ont proposé des excuses fondées sur la maladie, il en est qui vous ont représenté que cette Loi du 20 Thermidor n'étoit faite que pour ceux qui n'avoient pas proposé leur excuse dans le tems déterminé par la Loi, et avant la formation du Jury; que c'étoit une peine que la Loi leur infligeoit pour les punir de leur retard, ou une mesure de nécessité commandée par le besoin du moment et la circonstance urgente où la liste est déjà formée, mais que cette rigueur, employée dans cette position difficile, supposoit qu'avant la formation du Jury, il n'étoit pas nécessaire, pour faire admettre les excuses, ni d'avoir à alléguer des maladies aussi graves, ni de rapporter des preuves aussi rigoureuses, que celles qui sont fixées par cet article.

On ne peut disconvenir que la disposition de cet article 6, de la Loi du 20 Thermidor, ne frappe expressément que sur ceux qui proposent leur excuse après que le Haut-jury a été formé.

Voici les Termes de la Loi :

« Après que le Haut-Jury aura été déterminé, il n'y aura
» plus, pour ceux qui devront le composer, aucun lieu à proposer
» d'excuses, si l'un est pour impossibilité physique, telle qu'une
» maladie grave constatée par un rapport de médecins, et
» certifiée par l'Administration centrale du Département de
» leur domicile.

Il résulte de cette Loi, qu'avant la formation du Jury, on peut admettre des excuses qui ne soient pas fondées sur une impossibilité physique, telle qu'elle est énoncée dans cette Loi; mais doit-on en conclure qu'à cette époque, une indisposition légère, un certificat, mendié d'un Officier de santé, suffise pour opérer une excuse valable ?

Si la Loi n'est pas limitative, si elle n'astreint pas les Juges à n'admettre point d'autres excuses, elle désigne du moins les règles austères qu'ils doivent suivre pour éviter une surprise, et pour n'admettre pas trop légèrement des excuses peu fondées.

Si l'on se contentoit de l'allégation d'une maladie, ou de l'attestation d'un Officier de santé complaisant, quel est le Haut-Juré qui ne pourroit pas se procurer à son gré un pareil titre, et s'assurer une exemption contre le vœu de la Loi? Quelles ressources auroit-on pour se garantir de surprise et d'erreur? Ne seroit-ce pas retomber dans l'inconvénient des démissions volontaires, et s'exposer à n'avoir pas même le nombre de Jurés nécessaires pour la formation du Haut-jury?

La 3me. classe d'excuses est composée de celles qui sont fondées sur la Loi du 3 Brumaire.

La Loi est expresse: votre devoir se borne à examiner quels sont ceux à qui elle doit être appliquée, et quel genre de preuves vous devez exiger, pour que l'excuse soit suffisamment justifiée.

La plupart des Hauts-jurés, qui se trouvoient dans les cas prévus par cette Loi, n'ont pas attendu votre décision; ils se sont appliqués à eux mêmes ses dispositions: les uns ont donné leur démission; d'autres ont seulement fait, par devant les Tribunaux de leur Département, la déclaration voulue par la Loi; d'autres, enfin, se sont bornés à vous donner connoissance du fait, et vous ont consulté pour savoir la conduite qu'ils doivent tenir et se conformer à votre décision.

Regarderez-vous comme une preuve suffisante la déclaration faite par les Hauts-jurés, qu'ils ont des parens inscrits sur la liste des Émigrés; ou exigerez-vous qu'ils vous fournissent les preuves de leur allégation? Dans le premier cas, ne seroit-ce pas s'écarter de la disposition de la Loi, qui exige l'envoi des pièces justificatives; et n'auroit-on pas à craindre de tomber dans tous les dangers des démissions arbitraires?

Mais, si à défaut de justification, vous n'aviez aucun égard à ces déclarations; ne vous exposeriez-vous pas à admettre dans le Haut-jury ceux que la Loi en a exclus?

On doit distinguer les simples excuses des exclusions prononcées par les Lois.

Les excuses, qui n'ont d'autre objet que de procurer, à ceux qui les proposent, la faculté de s'exempter d'un service requis, doivent être rejetées, toutes les fois qu'elles ne sont pas accompagnées de pièces justificatives ; mais, quand la Loi a prononcé une exclusion, pourroit-on soumettre celui qui en est frappé à en fournir lui-même la preuve ; et le défaut de justification pourroit-il lui rendre la capacité que la Loi lui a ôtée ?

D'ailleurs, l'article 6 de la Loi du 3 Brumaire a soumis tous ceux qui sont appelés à remplir les fonctions de Haut-Juré, à déclarer par écrit dans les registres de la Haute-cour, avant d'entrer en fonctions, qu'ils ne sont point parens ni alliés d'un Émigré aux dégrés portés par la Loi. Quand vous rejeteriez aujourd'hui leur excuse, et que vous les contraindriez de se rendre à la convocation que vous feriez, ne seriez-vous pas obligés à les renvoyer, dès qu'il résulteroit de la déclaration par eux faite, en exécution de l'article 6 de la Loi du 3 Brumaire, qu'ils sont compris dans l'exclusion portée par cette Loi ? Puisque la Loi n'exige que leur déclaration, pouvez-vous être plus sévères que la Loi, ou demander des preuves qu'elle n'a pas ordonnées ?

Parmi les excuses qui vous ont été proposées, il en est encore qui ne peuvent être rangées dans aucune des trois classes dont je viens de vous parler. Je vais vous en rendre compte en examinant séparément toutes celles qui vous ont été proposées, ou directement par les Hauts-jurés, ou par les Commissaires du Directoire-exécutif.

Le Citoyen Étienne-François Capella, élu Haut-juré du Département de la Haute-Garonne le 20 Vendémiaire, an 4, fut nommé Commissaire du Directoire-exécutif près une Administration municipale de Canton, le 10 Frimaire suivant ; il crut que cette dernière nomination ne lui laissoit pas même la liberté du choix ; il entra en fonctions le jour même qu'elle lui parvint, s'empressa d'instruire le Ministre de l'Intérieur de son acceptation, et lui annonça qu'en se conformant à l'article 484 du code des délits et des peines, qui déclare ces deux fonctions incompatibles, il faisoit son option pour celle de Commissaire du Directoire-exécutif.

Ce Citoyen regarde cette excuse comme tellement légale et assurée, qu'il s'est dispensé d'en faire valoir une autre fondée sur ses infirmités.

Il ajoute qu'il se trouve enchaîné à son poste et à ses fonctions, par un arrêté du Directoire-exécutif du 19 Pluviôse, qui défend à ses Commissaires, près les Administrations municipales, de s'absenter de leur poste, sans une autorisation du Département.

Il faut d'abord écarter cette dernière considération qui ne peut pas être un obstacle, parceque l'arrêté du Directoire ne peut regarder que ceux qui voudroient quitter leur poste sans cause légitime, et non pas ceux qui sont appelés par des engagemens anterieures à remplir des fonctions publiques et importantes.

D'ailleurs, si ces Citoyens étoient obligés à rapporter une autorisation de l'Administration du Département, ils ne pourroient pas manquer de l'obtenir, en exhibeant l'ordre qu'ils auroient reçus de venir remplir des places de Hauts-jurés ; cet ordre seul leur tiendroit lieu d'autorisation.

Ainsi, la question que vous aurez à décider, se réduit à savoir s'il y a incompatibilité entre la place de Haut-juré, et celle de Commissaire du Directoire-exécutif, et si le Citoyen *Capella* a pu, en acceptant cette dernière, anéantir les obligations que l'Assemblée Électorale lui avoit imposé en le nommant Haut-juré.

Le Citoyen VIGNALET, nommé Haut-juré par l'Assemblée Électorale du Département des Basses-Pyrénées, a été *postérieurement* nommé Commissaire du Directoire-exécutif, près l'Administration du même Département ; il vous a adressé un extrait de l'arrêté qui contient sa nomination, et allègue, comme le précédent, l'incompatibilité des deux places, fondée sur l'article 484 du code des délits et des peines, et sur l'arrêté du Directoire-exécutif, qui défend à ses Commissaires de quitter leur poste sans une permission expresse.

Cette excuse est fondée sur les mêmes motifs que la précédente, et dépend de la solution des mêmes difficultés.

Le Citoyen HULIN, Haut-juré du Département de la Somme, ayant été nommé substitut du Commissaire du Directoire-exécutif, près le Tribunal Criminel de ce Département, par arrêté du 29 Germinal, an 4, allègue aussi l'incompatibilité entre les deux places, et vous a fait parvenir un extrait de l'arrêté portant sa nomination.

La décision, que vous rendrez sur les précédentes excuses, pourra également être appliquée à celle-ci.

Le Citoyen Jean DAUDE, Haut-juré du Département du Cantal, a été nommé Juge-Président du Tribunal civil du même Département ; il allègue, comme les précédens, l'incompatibilité des deux places, et il ajoute qu'il a été nommé Haut-juré en 1791, et que, d'après la Loi, nul ne peut remplir deux fois en sa vie ce poste important.

Enfin, il déclare que sa santé est tellement affoiblie, qu'il lui seroit impossible de se rendre à Vendôme.

Ces excuses, fondées sur ses indispositions et sur sa qualité de Haut-juré en 1791, ne sont accompagnées d'aucune justification ; il n'allègue pas même qu'il ait exercé en 1791 les fonctions de Haut-juré, mais seulement qu'il avoit été nommé à cette place.

Son excuse dépend encore de la décision que vous porterez sur l'incompatibilité des deux places.

Le Citoyen CURIAL, Haut-juré du Département du Mont-Blanc, a joint à l'excuse, tirée de la qualité de Juge et de l'incompatibilité des fonctions, une délibération des autres Juges du Tribunal civil du même Département, qui certifie qu'il ne reste, pour faire le service de ce Tribunal, que cinq Juges y compris le Citoyen *Curial*; que, s'il étoit appelé pour former le Haut-jury, le Tribunal seroit incomplet, et ne pourroit plus rendre aucun jugement, et que l'Administration de la justice civile cesseroit entièrement dans ce Département.

Il joint encore le certificat d'un médecin, qui atteste que, depuis plus de trois ans, il est sujet à des contractions d'estomac quotidiennes et habituelles, qui le font maigrir de jour en jour, et exigent des soins continuels.

Quoiqu'il soit très-important que le service d'un Tribunal civil ne soit pas interrompu, vous aurez à examiner s'il n'est pas pas plus essentiel encore de ne pas manquer du nombre de Jurés nécessaires pour former le Haut-jury.

Quant aux indispositions du Citoyen *Curial*, puisqu'il y a plus de trois ans qu'il en est atteint sans qu'elles aient pris un caractère plus grave, qu'elles n'ont pas empêché les électeurs de le nommer, d'abord Haut-juré et ensuite Juge du Tribunal civil, qu'elles lui ont permis d'accepter ces places, et de remplir les fonctions decelles de Juge, ne doit-on pas espérer qu'elles lui permettront d'exercer celle de Haut-juré, s'il est appelé à les remplir?

Le Citoyen AUGIER, Haut-juré du Département du Cher, est Président du Tribunal criminel; et le Citoyen HENRION, Haut-juré du Département de la Haute-Marne, est membre de l'Administration centrale du même Département. Ils n'excipent pas de l'incompatibilité des deux places; mais ils déclarent qu'ils sont chargés l'un et l'autre d'affaires très-importantes, et qui touchent essentiellement à l'intérêt public.

Le Citoyen *Augier*, Président du Tribunal criminel, instruit un grand procès au sujet d'une Conspiration, dont le jugement seroit retardé par son absence.

Le Citoyen *Henrion* est chargé, dans l'Administration, des affaires les plus importantes qui toutes péricliteroient, s'il étoit obligé à les suspendre: ces faits sont attestés par les autres Administrateurs de ce Département.

L'un et l'autre soutiennent que l'excuse, qu'ils proposent, est fondée sur l'intérêt public, et sur l'importance et la nécessité du service auquel ils sont employés.

Sans doute vous regretterez que, pour la formation du Haut-jury, vous ayez à détourner des fonctionnaires publics de leurs grandes et importantes occupations.

Mais il faut que tout cède à des considérations d'un ordre supérieur: les affaires, dont les fonctionnaires publics sont chargés, pourront être ou continuées par d'autres ou suspendus; et personne ne pourroit les remplacer dans les fonctions de Hauts-jurés.

Comme les Hauts-jurés ont été choisis parmi les Citoyens les plus instruits et les plus dignes de la confiance publique par leurs lumières et leurs vertus, et que le service du Haut-jury n'est qu'accidentel et momentané; il n'est pas étonnant qu'on ait cherché à tirer parti de leur loisir, en les employant jusqu'au moment de la convocation, dans les places de Juges, d'Administrateurs et de Commissaire du Directoire-exécutif; mais, en leur confiant ces nouvelles fonctions, on n'a pas entendu les dispenser du premier service auquel ils avoient été destinés.

L'excuse proposée par le Citoyen CAQUET, Haut-Juré du Département

Département d'Eure et Loir, peut être rangée dans la même classe : il expose qu'il a été chargé de faire valoir les forges de Longui, Département de l'Orne, et que cet établissement, très-utile pour le service public, souffriroit infiniment de son absence, et seroit exposé à tomber entièrement, s'il étoit obligé à le quitter pour concourir à la formation du Haut-Jury.

Il sera facile d'apprécier cette excuse, en la comparant avec celles dont je viens de vous rendre compte.

Le Citoyen LAGARDE, Haut-Juré du Département du Nord, a été nommé Secrétaire-Général du Directoire : il demande à être excusé sur le fondement de l'incompatibilité des deux places.

Si vous n'aviez à considérer son excuse que sous les rapports de l'incompatibilité, toutes les observations, qu'on vient de faire sur ce sujet, trouveroient ici leur application.

On pourroit encore dire que le Citoyen *Lagarde* ne peut pas invoquer en sa faveur l'article 484 du code des délits et des peines, puisque la place de Secrétaire-Général du Directoire n'est pas comprise dans le grand nombre de celles qui sont déclarées par cette Loi incompatibles avec celles de Jurés.

Enfin, il faudroit examiner si le Citoyen *Lagarde* a pu abdiquer la place de Haut-Juré, pour accepter celle de Secrétaire-Général du Directoire, et créer ainsi en sa faveur une exemption pour une place à laquelle la Loi ne lui permettoit pas de renoncer.

Mais vous avez à examiner cette excuse sous un autre rapport : c'est le Directoire-exécutif qui a dénoncé la conspiration soumise à votre jugement ; c'est lui qui a rassemblé toutes les preuves, et qui les a transmises au Corps-Législatif : le Citoyen *Lagarde* a concouru, en qualité de Secrétaire-Général, à tous les actes du Directoire-exécutif ; ils sont tous revêtus de sa signature ; n'est-il pas devenu, par ce fait, suspect aux accusés ? Et ne peut-on pas dire que ce qui seroit un motif de récusation, s'il étoit proposé par les accusés, peut être admis comme moyen d'excuse, lorsque le Juré lui-même le propose, et que sa délicatesse va au-devant du reproche et prévient la récusation ?

Le Citoyen Gigord, Haut-Juré du Département de l'Ardèche, et le Citoyen Laurendeau, Haut-Juré de celui de la Vienne, ont donné leur démission, en exécution de la Loi du 3 Brumaire, comme ayant des neveux portés sur la liste des émigrés : le Commissaire du Directoire-exécutif vous a fait parvenir leurs déclarations.

Comme il ne s'agit pas ici d'une simple excuse, à laquelle il soit facultatif de renoncer, mais d'une exclusion fondée sur la Loi; peut-être penserez-vous qu'il n'est pas nécessaire d'attendre que les Hauts-Jurés demandent d'être excusés, et que la connoissance de l'empêchement légal suffit pour vous autoriser à retrancher de la liste ceux dont la Loi a prononcé l'exclusion.

Les Citoyens Barral, Haut-Juré de l'Isère, Le jeune, Haut-Juré de la Meurthe, et Brunck, Haut-Juré du Bas-Rhin, demandent d'être rayés de la liste des Hauts-Jurés, comme ayant des parens inscrits sur la liste des émigrés. Le premier a joint un certificat du Canton, visé par l'Administration Centrale du Département, qui atteste qu'il a un frère inscrit sur la liste des émigrés : les deux autres n'ont fourni aucune preuve de leur allégation.

Le Citoyen Morard, Haut-Juré du Département de Vaucluse, expose qu'il a été mis sur une liste d'émigrés dans un Département autre que celui de sa résidence, quoiqu'il eût fait toutes les démarches nécessaires pour prévenir cette injustice, et qu'il eût rapporté plusieurs décisions favorables de l'Administration du District dans le ressort duquel se trouvoit comprise la Municipalité qui s'obstinoit à le placer sur une liste d'absens.

Il consulte la Haute-cour pour savoir s'il est frappé par la Loi du 3 Brumaire, et s'il doit donner sa démission, et se montre également prêt à venir remplir les fonctions de Haut-Juré, s'il y est appelé, comme à s'en abstenir, si vous pensez qu'il en est exclus par la Loi.

Le jugement que vous rendrez, en faisant connoître le vœu de la Loi, fixera l'indécision du Citoyen *Morard.*

Il eût été à désirer qu'on eût trouvé les mêmes dispositions dans le Citoyen GAYARDON-GRÈZOLLES, Haut-Juré du Département de la Loire.

Ce Citoyen déclare qu'il a des parens sur la liste des Émigrés, sans énoncer le dégré de parenté.

Il ajoute qu'il a été Membre de l'Assemblée Constituante; mais qu'il ne veut pas se prévaloir de l'exception portée par l'article 4 de la Loi du 3 Brumaire. Il atteste que l'honneur, la délicatesse et sa conscience lui font un devoir impérieux de s'abstenir du Haut-Jury, et que, s'il y étoit appelé, il se dévoueroit au silence et à la nullité.

Vous aurez à examiner, Citoyens Juges, si l'exception, portée par l'article 4 de la Loi du 3 Brumaire, est un privilège uniquement établi en faveur de ceux à qui elle a été accordée, et auquel ils puissent renoncer à leur gré; ou si l'exception, dans une Loi de rigueur, dans une Loi pénale, ne doit pas être regardée comme un retour au droit commun; si elle n'opère pas, à l'égard de tous ceux qui y sont compris, l'anéantissement total de la Loi; et si l'on peut arbitrairement sortir de la classe qu'elle nous a assignée, et établir des incapacités ou des exclusions qu'elle n'a pas prononcées.

Vous ne vous arrêterez pas aux autres déclarations du Citoyen *Grésolles*; vous ne les regarderez que comme l'effet d'une délicatesse excessive, qui cédera à la voix du devoir, lorsque vous aurez prononcé votre jugement.

Il est permis, quelquefois même louable de n'approcher qu'en tremblant du sanctuaire de la justice, lorsqu'on est appelé à y remplir les fonctions de Juge, ou de Juré : on est encore excusable de chercher à s'exempter de ce pesant fardeau; mais, dès que la Loi a prononcé, dès que la carrière est ouverte, et que le moment de servir est arrivé, cette crainte respectueuse doit faire place à une scrupuleuse attention à remplir tous ses devoirs.

Le Citoyen EBRARD, Haut-Juré du Département du Jura, demande d'être excusé pour cause de maladie. Il produit des rapports de médecins et un certificat de l'Administration centrale du Département de son domicile, qui attestent qu'il est attaqué de maladies graves qui l'empêchent de remplir les fonctions de Haut-Juré.

Ces certificats sont dans la forme prescrite par l'article 6 de la Loi du 20 Thermidor.

Il résulte des rapports envoyés par le Citoyen CHEVALIER, qu'il est attaqué de plusieurs maladies qui le mettent dans l'impossibilité de voyager, soit à cheval, soit en voiture; et qu'il a l'ouie extrêmement dure, au point que, dans certain tems, il faut lui parler très-haut, et s'approcher de son oreille pour se faire entendre. Ces rapports sont certifiés véritables par les Administrations de la Municipalité et du Département de son domicile.

Le Citoyen DUFFAU, Haut-juré du Département du Gers, demande aussi d'être excusé pour cause de maladie.

Le Citoyen CAMPEL, du Département du Gard, et le Citoyen VIALAS, de celui du Tarn, forment la même demande par l'entremise des Commissaires du Pouvoir exécutif, près l'Administration de leur Département, à qui ils ont fait parvenir des certificats de maladie.

Aucun de ces certificats n'est attesté par l'Administration de Département; ils sont seulement revêtus d'un *visa*, qui ne certifie que la vérité de la signature de l'Officier de santé.

C'ést ici que vous aurez á examiner si, s'agissant d'une excuse proposée avant la formation de la liste du Jury, on doit être dispensé des formalités prescrites par la Loi du 20 Thermidor; si de simples certificats de médecins suffisent pour faire admettre des excuses; et si les maladies, dont il y est fait mention, sont de nature à exempter les Hauts-jurés du service auquel ils sont appelés par les Lois: la lecture de ces certificats peut seule vous mettre à portée de résoudre ces difficultés.

Le Citoyen RUDLER, Haut-juré du Département du Haut-Rhin, a produit l'attestation du Directeur du Jury du Canton de Paris, qui constate qu'il a exercé les fonctions de Juré d'accusation dans la séance du 2 Thermidor, dans laquelle a été admis l'acte d'accusation contre les nommés Toulotte, Cochet, Félix-le-Pelletier, Rossignol et Jorri, prévenus d'avoir participé à une conspiration contre la surêté intérieure et extérieure de la République, avec Babœuf, Germain, Darthé et autres.

Cet acte d'accusation est un de ceux sur lesquels le Haut-jury aura à prononcer.

L'excuse du Citoyen *Rudler* est fondée sur l'article 502 du code des délits et des peines, conçu en ces termes: « *nul ne peut être Juré de jugement dans la même affaire, où il a été Juré d'accusation.* »

Le Citoyen DUMAS-CHAMPRALIER, Haut-juré, nommé par le Département de la Charente, est décédé : sa mort est constatée par des pièces authentiques, qui vous ont été adressées par le Commissaire du Directoire-exécutif.

Le Citoyen BLANC, Haut-juré du Département des Basses-Alpes, a été élu avant d'avoir atteint l'âge de 30 ans accomplis. Le commissaire du Directoire-exécutif a envoyé aux Accusateurs-nationaux son extrait de naissance, en date du 26 Septembre 1766, duquel il résulte que le Citoyen *Blanc* avoit seulement commencé sa trentième année, à l'époque de sa nomination, et qu'il est parvenu à l'âge de trente ans accomplis, avant qu'il se soit présenté une occasion d'exercer les fonctions de Haut-juré.

L'article 483 du code des délits et des peines, est conçu en ces termes : « *la Loi appèle aux fonctions de Juré tous les Citoyens âgés de* 30 *ans accomplis, qui réunissent les conditions requises pour être Électeurs.*

S'il n'y avoit que cette Loi qui eût parlé de l'âge des Jurés, on pourroit croire qu'il suffit que les Jurés aient acquis l'âge de 30 ans accomplis, au moment où ils sont appelés pour exercer les fonctions de cette place.

Mais la Constitution contient une disposition plus expresse : c'est l'article 209, qui porte : « *nul Citoyen, s'il n'a l'âge de* 30 *ans accomplis, ne peut être élu Juge.....ni Juré.* »

Cet article exige bien expressément l'âge de 30 ans accomplis au moment de l'élection.

L'assemblée électorale des Basses-Alpes a contrevenu à la Constitution en nommant Haut-juré un Citoyen qui n'avoit pas atteint l'âge prescrit comme condition nécessaire et indispensable pour la validité de l'élection.

La nomination de ce Haut-juré étant nulle dans son principe, rien ne peut la valider.

Peu importe que le Citoyen élu Haut-juré ait depuis lors accompli sa trentième année, le vice qui se trouvoit dans son élection, l'atteint toutes les fois qu'il est appelé à faire usage de ce titre : le Citoyen *Blanc* est à cet égard dans le même état, que s'il n'avoit pas encore aujourd'hui sa trentième année.

Mais ici se présente une autre difficulté : pouvez-vous annuller une élection faite par une Assemblée électorale ? N'est-ce pas au Corps-législatif, que ce droit est exclusivement réservé par la Constitution, qui porte article 43 : « *dans tous les cas,* « *le Corps-législatif prononce seul sur la validité des opérations* » *des Assemblées électorales.* »

Sans doute que, s'il étoit question de prononcer sur la validité de l'élection du Citoyen *Blanc*, votre respect pour les limites des pouvoirs tracés par la Constitution vous empêcheroit d'en prendre connoissance.

Mais la question se présente ici sous un point de vue bien différent : vous n'avez pas à anéantir l'opération de l'Assemblée électorale, mais seulement à juger une excuse qui vous est présentée, et à retrancher de la liste, qui doit servir à la formation du Haut-jury pour le jugement du procès soumis à votre décision, un Citoyen qui paroît reconnoître lui-même qu'il ne peut pas y être admis : ce n'est pas sur la validité de l'élection d'un Haut-juré que vous avez à prononcer, mais seulement sur un acte particulier de l'exercice de ses fonctions, sur lequel vous seuls pouvez statuer.

Je viens de vous présenter les excuses des Hauts-jurés, qui nous sont parvenues jusqu'à ce jour ; le long intervalle de tems, qui s'est écoulé depuis la proclamation du Corps-législatif, nous autorise à penser qu'il n'en existe point d'autres.

Il a suffi de vous les exposer, pour vous mettre à portée de les apprécier ; vous discernerez facilement celles qui sont fondées sur des causes légales ou d'une nécessité reconnue, d'avec celles qui ne tiennent qu'à des motifs de commodité ou d'utilité personnelle, qu'on peut et qu'on doit sacrifier à la nécessité du service public.

Pourroit-on craindre que ceux dont les excuses seront rejettées, refusâssent de se rendre à leur poste, s'ils sont appelés à remplir une place dans le Haut-jury ?

Le devoir et l'honneur sont les liens les plus forts des Français. Toujours ils ont produit les effets les plus merveilleux; ils ne seront certainement pas sans effet auprès de ceux que le choix, fait par la nation, appèle à remplir le ministère le plus auguste et le plus essentiel.

A la voix de la patrie, quel est celui qui n'a pas fait de grands sacrifices pour la prospérité publique? Et pourrions-nous, sans injustice, profiter du travail et des sacrifices de tous, sans fournir le contingent que nos moyens et nos forces nous permettent d'acquitter ?

Qu'on jète les yeux sur le million de Héros qui depuis cinq ans exposent chaque jour leur vie, et sacrifient leur repos et leurs plus chères habitudes pour défendre nos propriétés, maintenir notre indépendance, et conquérir une paix glorieuse; ne leur devons nous pas un retour de générosité et de sacrifices pour assurer la paix dans l'intérieur, et pour consolider un Gouvernement, qui leur garantit les moyens de jouir du fruit de leurs victoires.

Cette obligation frappe plus particulièrement sur ceux qui ont été élus par tout le peuple Français, qu'il n'appèle que dans le cas d'une nécessité urgente pour décider de ses plus grands intérêts, et dont les fonctions intéressent essentiellement la sûreté et la tranquillité publique.

L'appel, que vous ferez au nom de la Nation, fera disparoître toutes les excuses qui ne sont pas autorisées par la Loi; il ne vous reste qu'à prononcer sur celles que vous trouverez légitimes et fondées, après avoir entendu les Accusateurs-nationaux, et la lecture des pièces qui ont été envoyées pour prouver la légitimité des excuses.

Dépôt légal : 3ème trimestre 1973

www.ingramcontent.com/pod-product-compliance
Lightning Source LLC
LaVergne TN
LVHW010311230826
846091LV00007B/3107
9782013459334